指文字表の見方

相手から

自分から
見たときの
右手の形

は	ひ	ふ	へ	ほ

ま	み	む	め	も

や	ゆ	よ	だく音「゛」例：ぎ	半だく音「゜」例：ぺ
			横に動かす	上に動かす

ら	り	る	れ	ろ

わ	を	ん	よう音・そく音「やゆよ」「っ」例：や	長音「ー」
	手前に引く		手前に引く	たてぼうを書く

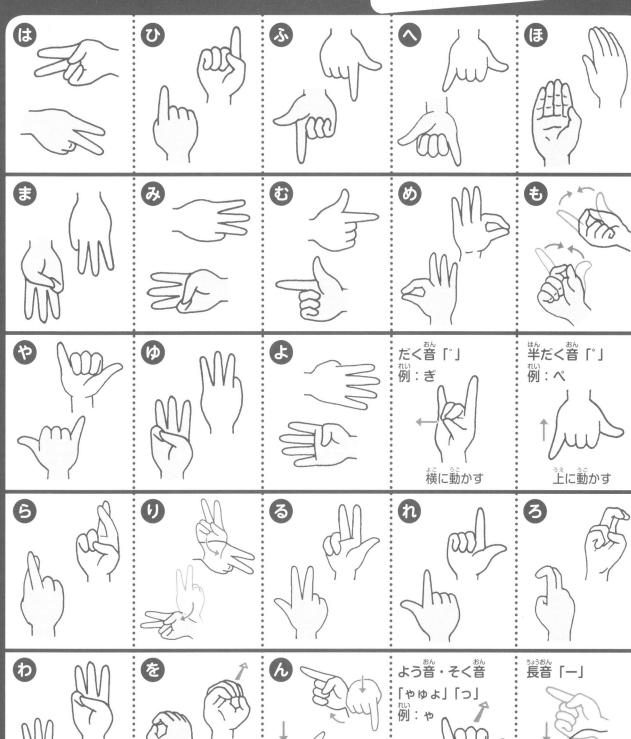

知ろう！ あそぼう！ 楽しもう！

はじめての手話⑤

インタビュー！

手話の世界

監修：大杉 豊（筑波技術大学 教授）

はじめに

　この地球ではさまざまな人たちがくらしています。みなさんが1人ではなく仲間でささえ合って生きることの大切さを学ぶなかで、耳の聞こえない人たちとの出会いもあるでしょう。そのとき、聞こえない人とのコミュニケーション方法を知っていれば、たがいに心を通わせることができ、友達になる一歩をふみだす大きな力になります。この本が、みなさんの世界を広げていくことに役立つよう願っています。

　5巻では、さまざまな分野でかつやくしている耳の聞こえない人たちを紹介します。それぞれ、聞こえない自分と向き合い、自身の力を最大限に発揮するためのくふうをしています。聞こえない人をささえるサービスや道具などにも目を向けてみましょう。

監修　大杉 豊（筑波技術大学 教授）

動画も見てみよう!

このマークがあるページは
動画が見られるよ!

インターネットにつながるスマートフォンやタブレットで、QRコードを読みこんでみよう! インタビューに答えてくれた人たちからのメッセージ動画が見られるよ。

メッセージをくれたのはこの7人

 狩野拓也さん　山口トモさん　 古宮 晴さん 松田 崚さん　齋藤陽道さん 松山建也さん 平 真悠子さん

※この本のQRコードから見られる動画は、予告なく内容をへんこうしたりサービスをしゅうりょうしたりすることがあります。

もくじ

ゆめをかなえた！

社会でかつやくする せんぱいたち

いろいろな仕事の分野で聞こえないことを強みにかえたせんぱいたち。
どうやってゆめをかなえたのかを聞きました。

病院

医師
狩野 拓也さん

カフェスタッフ
山口トモさん

＼強みは……／
難聴をバネに
コーヒー専門家
試験に合格

＼強みは……／
難聴かんじゃさんの
気持ちがわかる

▶くわしくは12ページ

▶くわしくは6ページ

K-1選手
古宮 晴さん

K-1

いろいろな
仕事があるよ。

わたしも
ゆめを
かなえたい！

＼強みは……／
聞こえないから
だれよりも
集中できる

▶くわしくは16ページ

4

弁護士
松田 崚さん

\ 強みは…… /
**弱い立場の人の
なやみによりそう**

▶ くわしくは22ページ

バス運転士
松山 建也さん

\ 強みは…… /
**人一倍の注意で
無事故・無いはん**

▶ くわしくは32ページ

裁判所

写真家
齋藤 陽道さん

\ 強みは…… /
**聞こえない
自分にしかできない
作品作り**

▶ くわしくは28ページ

グラフィックデザイナー
平 真悠子さん

\ 強みは…… /
**じょうしきに
とらわれない
感性でデザイン！**

▶ くわしくは38ページ

CAFE

さぁ、話を
聞いてみよう！

5

難聴の人によりそいたくて医師になりました

狩野 拓也さん

狩野さんの仕事

耳鼻咽喉科の医師として耳、鼻、のどなどの具合が悪いかんじゃさんをしんさつして病気を見つけたり、治したりします。

 狩野さんのメッセージ動画が見られるよ！

将来は公務員になるぞ。

小学生のころ

聞こえなくても気にしない……。

中学生のころ

Q 子どものとき、あこがれていた仕事は？

A 保育園のころは美容師とウルトラマン、小学生のころは公務員にあこがれていました。中学生になってから、「助けられるばかりではなく、だれかの役に立ちたい」という意欲がわいてきて、教師になりたいと思うようになりました。

Q 学生時代、友達とどうすごした？

A 先生が話す内容を友達に教えてもらい、わたしは友達に勉強を教えるというように助け合っていました。ないしょ話が聞こえなくて、「自分の悪口かな？」となやんだこともありましたが、「人はそれほど他人に興味はない」と書かれた本を読んで、気にしすぎないように考えが変わりました。

Q 医師として働きながら 「デフリンピック」にも出場しているの?

A 聴覚障がいのある選手のオリンピックである「デフリンピック」のバレーボール日本代表に選ばれています。2017年にはキャプテンをつとめました! メンバーは、手話や口話※でコミュニケーションする人などさまざま。わたしは手話と口話の両方ができるので、メンバー間のかけ橋のようなそんざいでありたいと思っています。

※口話…話している人の口の動きを見て、言葉を読み取り、発音すること。

今

デフリンピックに
出場

Q これからのゆめは?

A こうれい者の難聴のちりょうかんきょうを改善したいと思っています。日本は、欧米にくらべて補聴器の利用率も満足度も低いじょうきょうです。医師が補聴器選びや使い心地の調整などを行うことで、快適に聞こえる生活をしてほしいです。

Q なぜ、医師を目指したの?

A 中学生のとき骨折で入院してしまったのですが、退院時に医師や看護師に「おめでとう」と言われたことがとてもうれしくて、自分も人によりそう仕事がしたいと思い、医師になることを決めました。

自分と同じ難聴者の
ちりょうをしたくて、
耳鼻咽喉科を選びました。

プロフィール

医療法人聖光会 鷹の子病院
耳鼻咽喉科 医師
狩野 拓也さん

1992年、広島県生まれ。大学1年生から手話を学ぶ。高知大学医学部を卒業後、2017年から医師として働いている。

医師 狩野さんの仕事とくふうを知ろう!

しんさつ

耳、鼻、のど、首のしんさつとちりょうを行います。難聴のほか、アレルギーやめまいなどのちりょうもします。かんじゃさんは、子どもからこうれい者までさまざまです。

くふうしていること

かんじゃさんとの会話にこまることがないように、1年前から人工内耳(聴力をおぎなう機器)をつけています。その前までは「のどがいたいですか?」「鼻水が出ますか?」など、かんじゃさんが「はい」か「いいえ」で答えられる質問をし、聞きまちがいがないようにしていました。また、かんじゃさんの言葉が聞き取りにくいときは、看護師に同席してもらっていました。

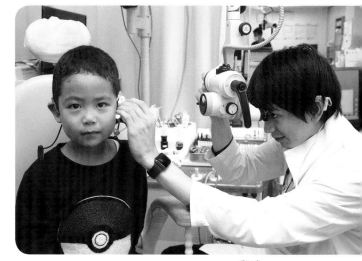

定期けんしんのかんじゃさんにも対応します。

耳だけでなく、鼻とのどもしんさつするよ。

FMマイク

手術

週に2回の手術はおもに2人の医師で行います。はじめはサポート役が多かったのですが、最近はメインで手術をすることがふえてきました。

くふうしていること

人工内耳をつける前は、いっしょに手術を行う医師に「FMマイク」という、音声を補聴器に直接とどける機器をつけてもらい、指示を聞き取れるようにしていました。

リハビリテーション

　病院内には、全国でも数少ない人工内耳のリハビリテーションしせつがあります。人工内耳をつけたばかりのかんじゃさんは、聞こえるようになっても、音を聞き分けたり、言葉を理解したりすることはむずかしいため、言語聴覚士といっしょに練習します。しんさつの合間には、かんじゃさんのもとをたずねて様子をかくにんしています。

くふうしていること

　自分が人工内耳をつけているので、人工内耳の手術をしたかんじゃさんの気持ちがよくわかります。たとえば、最初はすなあらしのようなザーッという音がして、そのなかから言葉をさがすような感じがするなど、自分が経験して知っていることを、わかりやすくかんじゃさんやご家族に伝えるようにしています。

聴力けんさをして、人工内耳の聞こえの具合をかくにん、調整します。

音に合わせて
手を動かす練習中！

あそびながらいろいろな音を聞くという経験をしてもらいます。

わたしの1日の仕事

9:00　出勤
しんさつ

かんじゃさんが具合の悪いところや不安なことを話しやすいよう、笑顔で対応。

12:00　昼休み

14:00　手術

ミスをふせぐため、ほかの医師や看護師の指示は、くり返しかくにん。

15:30　リハビリテーション

子どものかんじゃさんが多いので、「かわいいな〜」と思わず笑顔。

18:00　終業

狩野さんからメッセージ

聞こえない人は、自分からあいさつをしよう。もし聞こえなくて通りすぎてしまったときでも、声をかけた人は「聞こえなかったんだな」とわかってくれるよ。あいさつはコミュニケーションの第一歩！

いりょうの現場で働く

聞こえない人を ささえるしくみ

❶ 会話を文字化する 音声認識アプリ

数人で話すときやまわりがさわがしいときは、音声が聞き取りにくいことがあります。いりょうの現場では、聴覚障がいのあるスタッフが、スマートフォンなどの画面に音声を文字で表示する音声認識アプリを利用し、コミュニケーションを取りやすくする、くふうをしています。

\ 教えて！ /

Q しんさつのときも 使いますか？

A しんさつ室でも使います。スタッフだけでなく、聴覚障がいがあるかんじゃさんも、文字にすることで伝えたいことがおぎなえます。

看護師

医師

かんじゃさんの カルテ

理学 りょうほうし

ケアマネジャー

やくざいし

❷ 各部門のじょうほうを 集める電子カルテ

以前は、かんじゃさんの病気のじょうきょうやちりょう方法などを、さまざまな部門のスタッフに聞く必要があり、聴覚障がいのある人は苦労していました。今はパソコンを使った電子カルテが一般的になり、各部門の最新のじょうほうをひと目で見られるため、負担がへって、働きやすくなっています。

③ 音を光やしんどうにかえるデジタル機器

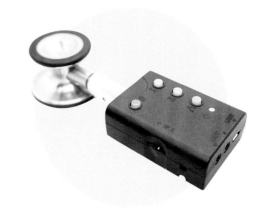

聴覚障がいのある医師や看護師のなかには、デジタルちょうしん器を使っている人がいます。心臓やこきゅうの音をデジタル化して補聴器やヘッドホンに送ることができるので、聞き取りやすくなります。また、無線で音声を飛ばせるため、かんじゃさんからはなれていてもしんさつができます。

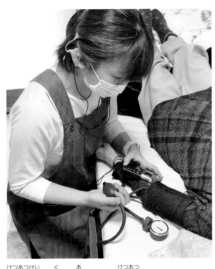

血圧計と組み合わせて血圧をはかります。

動物のしんさつにも使われています。

\教えて!/

Q ほかにはどんな道具がありますか?

A どんな人でも音を聞きもらすことがないよう、警報を光やしんどうで知らせる機器がふえています。夜にナースコールが鳴ると、ねている人が起きてしまうことがあるので、しんどうで音を知らせる、いりょう用の携帯電話も使われています。

④ おぎない合い、ささえ合うチームいりょう

\教えて!/

Q チームいりょうは聞こえない人のために考えられたのですか?

最近は、1人のかんじゃさんに複数のスタッフがチームを組んでちりょうにあたる「チームいりょう」の体制がふえています。たとえば、聞こえなかったことをチーム内で教えてもらうなど、ささえ合いながら仕事をしています。

A もともとはかんじゃさんのちりょうをよりよくするために考えられたものです。しかし、実際にチームいりょうを行ってみると、聴覚障がいがあってもいりょう現場で働ける、大きな手助けになっていることがわかりました。

取材協力:聴覚障害をもつ医療従事者の会　代表　関口麻理子さん **11**

自分のかのうせいを信じて
カフェスタッフになりました

インタビュー

山口 トモさん

山口さんの仕事

お客様の注文を受けたり、コーヒーの専門家として飲み物などのじゅんびをして、ていきょうします。

山口さんのメッセージ
動画が見られるよ！

Q どんな学生時代だった？

A 絵が得意でたくさん賞を取りました。友達は聞こえる人ばかりで、手話を使うと変に思われるのではと不安だったので、手話は使いませんでした。でも、大学で聞こえない人と出会えたことをきっかけに、手話の勉強をスタート。コミュニケーションがうまくできるようになり、人生が楽しくなりました。

あこがれはまんが家かデザイナー。

絵が得意だった
小学生のころ

人生は一度きりだからチャレンジしよう。

カフェスタッフになることを決意したころ

Q なぜ、カフェスタッフになったの？

A 手話講習会で出会った、カフェスタッフの人にさそわれました。「聞こえないので接客業はできない」とことわったのですが、「手助けするからだいじょうぶ」と言われ、「人生一度きり。チャレンジしてみよう」と決断しました。

Q カフェスタッフになって うれしかったことは?

A 自分が成長し続けられることです。必死に勉強して、コーヒーについて多くの知識をもち、専門家であることをしめす「ブラックエプロン」という社内の試験に合格しました! 聞こえなくてもできることをアピールすることで、「聞こえないから無理」というイメージをなくしていきたいです。

今

ブラック エプロンに合格。

入社2年目

Q これからのゆめは?

A カフェで開くコーヒーセミナーの進行役「ファシリテーター」になって、聞こえない人向けのセミナーをすることです。また、聴覚障がいの子どもたちがやりたい仕事につくための活動をしたいと考えています。

Q たいへんなことは、どう乗りこえる?

A わたしが接客すると、にげてしまうお客様もいます。はじめはショックでしたが、お客様はどうしていいのかわからないのだと気づきました。それからは筆談具を差しだし、書けば伝わることをわかってもらえるようになりました。知らないことは、おたがいに教え合えばよいと思っています。

プロフィール

スターバックス コーヒー ジャパン 株式会社　カフェスタッフ 山口 トモさん

茨城県生まれ。筑波技術短期大学でデザインを学び、デザイン会社に入社。その後、スターバックスのコーヒー専門家として働く。ユニバーサルデザインコーディネーターの資格をもっている。

カフェスタッフ 山口さんの 仕事とくふうを知ろう！

トッピングなどを書き加えた指さしメニューで注文を受けます。

指さしメニュー

1ぱいずつ ていねいに……

笑顔と手話で「ありがとうございます」。

接客

お客様へのあいさつ、注文、会計、商品の受けわたしなどを行います。コーヒーの専門家である「ブラックエプロン」として、お客様の前で1ぱいずつコーヒーをいれることもあります。

くふうしていること

注文は指さしメニュー、筆談具、口話（7ページ）のどれかでうかがいます。指さしメニューは、自分でトッピングなどを書き加えて、注文しやすいようにしています。聞こえるお客様にも、あいさつなどは手話を使います。手話を広く知っていただき、多様性をみとめ合うことにつながればと思います。

山口さんが働く会社には、聞こえる人と聞こえない人がともに働く「サイニング・ストア」とよばれるお店があるよ。

レジ担当者が手話で
メニューを伝えます。

気がついたことは、
筆談具を使ってすぐに
かくにんして、ミスを
ふせぎます。

ドリップコーヒーのタイマー音は聞こえ
ないので、スタッフに教えてもらいます。

「Please Face Me」は
「こちらを向いて
ください」という意味。

聞こえないスタッフや
手話ができるスタッフが
つけるバッジ。

飲み物、食べ物のじゅんび

注文を受けた飲み物や食べ物
をレジ担当のスタッフから聞いて
じゅんびします。

くふうしていること

注文をまちがえないように、メニュー名はレジ担当のスタッフに
手話で伝えてもらいます。また、聞こえない人が来店したときに、
どのスタッフでも接客ができるように、このお店ではわたしが先生
になって、スタッフのための「手話検定」を行っています。

山口さんからメッセージ

聞こえなくても接客業はできます。世の中には、いろいろな仕事があるこ
とを知って、やりたいことをあきらめないで進んでください。

わたしの1日の仕事

9:30 出勤
コーヒーの
いれ方を練習

もっとおいしくいれられ
るように。

10:00 お店で働く
レジや客席の
チェック

朝からたくさんのお客
様。注文をまちがえな
いように注意！

11:30 昼休み

12:00 接客をサポート

くつろいでいるお客様
を見ると、やる気も上
がる！

13:30 飲み物や食べ物の
じゅんび、
レジなどを担当

ハンドドリップの注文！
きんちょうする〜。

16:00 終業

人に勇気をあたえたくて K-1（ケイワン）選手になりました

古宮 晴（ふるみや はる）さん

古宮（ふるみや）さんの仕事（しごと）

かくとうぎのひとつであるK-1（ケイワン）のプロ選手（せんしゅ）として、「K-1（ケイワン）」、「Krush（クラッシュ）」の大会（たいかい）に出場（しゅつじょう）し、賞金（しょうきん）をかけて戦（たたか）います。

古宮（ふるみや）さんのメッセージ
動画（どうが）が見（み）られるよ！

Q 子（こ）どものとき、あこがれていた仕事（しごと）は？

A K-1（ケイワンせんしゅ）選手です。小（ちい）さいころは、からかわれると泣（な）いてしまうような子（こ）どもだったので、小学（しょうがく）3年生（ねんせい）のときに心（こころ）が強（つよ）くなるように、かくとうぎのジムに通（かよ）いはじめました。試合（しあい）に勝（か）ったとき、それまで感（かん）じたことのないよろこびがあって、夢中（むちゅう）になりました。

もっと強（つよ）くなりたい！

小学生（しょうがくせい）のころ

Q ゆめをあとおししてくれたものは？

A 2人（ふたり）のK-1（ケイワンせんしゅ）選手のそんざいです。1人（ひとり）は魔裟斗（まさと）さん。K-1（ケイワン）の試合（しあい）を見（み）て「かっこいい！」と思（おも）い、自分（じぶん）もプロになりたいという目標（もくひょう）が決（き）まりました。もう1人（ひとり）は、難聴（なんちょう）でありながら王者（おうじゃ）になった郷州征宜（ごうしゅうまさのぶ）さんです。

Q K-1選手になって うれしかったことは?

A 試合を見た人から「はげみになった」「大きな決断をする勇気をもらった」と言っていただくことです。なやんでいる人の背中をおして前に進む勇気をあたえられることをほこりに思います。

古宮選手に勇気をもらえた

最年少チャンピオンになる!

今

プロになりたてのころ

Q これからのゆめは?

A 「K-1」と「Krush」という2つの大きな大会で、チャンピオンになることです。今、K-1の最年少記録が20才6か月なので、その記録をぬりかえたい! 全力でつっ走って、ぜったいに勝ち取ります。

Q たいへんなことは、どう乗りこえる?

A プロではじめて負けたときは、落ちこみました。でも、「大好きなスポーツなんだから楽しくやりたい」と気持ちを切りかえて、トレーニングに打ちこみました。勇気をもってふみだせば、なんでも乗りこえていけることを知りました。

前向きな気持ちで乗りこえていきたい!

プロフィール

昇龍會所属
K-1選手 スーパー・フェザー級
古宮 晴さん

2003年大阪府生まれ。生まれつき重度の難聴で、保育園のころから口話の訓練に通う。2020年、大阪体育大学浪商高等学校2年のときにプロデビュー。

古宮（ふるみや）さんの仕事（しごと）とくふうを知（し）ろう！

サンドバッグを思（おも）いっきりキック！

トレーニング

ジムでの練習（れんしゅう）は週（しゅう）4日（か）。学校（がっこう）から帰（かえ）ったら、10km（キロメートル）ほどランニングをしてからジムに行（い）きます。ほかの日（ひ）は筋（きん）トレなどをします。

チャンピオンになる目標（もくひょう）があるからつらくないし、ぜったい休（やす）みません！

くふうしていること

試合（しあい）では補聴器（ほちょうき）をつけないので、無音（むおん）になれるために、スパーリングの練習（れんしゅう）のときは補聴器（ほちょうき）を外（はず）します。かんとくの説明（せつめい）は、口（くち）の動（うご）きを見（み）て読（よ）み取（と）ります。

食事（しょくじ）せいげん

K-1（ケイワン）は階級（かいきゅう）によって体重（たいじゅう）が決（き）まっているので、試合前（しあいまえ）の1か月間（げつかん）は食事（しょくじ）せいげんをして、体重（たいじゅう）を10kg（キログラム）ほど落（お）とします。

くふうしていること

自分（じぶん）に合（あ）った体重（たいじゅう）の落（お）とし方（かた）を考（かんが）えていろいろと試（ため）すようにしています。せんぱいに聞（き）いたり、動画（どうが）サイトで栄養（えいよう）の勉強（べんきょう）をしたりして、自分（じぶん）で食事管理（しょくじかんり）ができるようになりました。

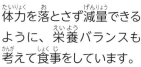

体力（たいりょく）を落（お）とさず減量（げんりょう）できるように、栄養（えいよう）バランスも考（かんが）えて食事（しょくじ）をしています。

高校生日本一を競う「K-1甲子園2021」初優勝のベルト！

得意技は前げり！

©K-1

試合

　1ラウンド3分の試合を3回行って勝敗を決めます。試合中は、観客席からのおうえんや選手をサポートするセコンドの声は聞こえませんが、音が聞こえないからこそ、だれよりも集中できます。

くふうしていること

　最初は、無音の試合がこわかったのですが、落ち着いて戦える方法を考えました。今は、セコンドが見える位置に動いたり、すばやくセコンドの指示を見るくふうをして戦っています。

わたしの1日の仕事

8:00　高校に登校

朝はねむい！　食事せいげん中は友達の特大弁当がうらやましい。

15:00　帰宅

ほっとひと息。宿題やらないと……。

16:30　ランニング

家の近所を10kmランニング。

18:30　夕食

おなかペコペコ。でも、食事せいげんはしっかり守るよ。

21:30　ジムでトレーニング

練習はうそをつかない。だからがんばる！

24:30　帰宅・しゅうしん

古宮さんからメッセージ

どんなに小さなことでも、最後までやってみよう！　成果が出たときはすごくうれしいし、そんな経験をすると、こまったことがあっても、乗りこえられるようになるよ。

国際的なスポーツ大会
デフリンピック

❶ 耳が聞こえない選手のオリンピック

デフリンピックは、聴覚障がいのある人たちが参加できる、国際的なスポーツ大会です。耳が聞こえない人（Deaf）とオリンピック（Olympic）を合わせて名づけられました。4年に1度、夏季大会と冬季大会がこうごに開かれます。1924年に第1回大会がフランスで開かれ、日本は1965年のワシントン大会から参加しています。

2017年にトルコ・サムスンで開かれたデフリンピックの開会式。

スタート音やしんぱんの合図を知らせるフラッシュランプ。

❷ スタートや合図は光で知らせる

ルールは聞こえる人の競技と同じですが、聞こえない選手のために、スタートの音やしんぱんの合図を、目で見てわかるようにしているのがとくちょうです。陸上や水泳のスタート音、空手やバスケットボールなどのしんぱんの合図はフラッシュランプで知らせます。サッカーやラグビーでは旗を使います。

❸ 100か国以上の国から選手が集結

デフリンピックに参加する国は世界100か国以上あります。夏季大会では、陸上、バスケットボール、バレーボール、水泳、サッカー、テニスなど、冬季大会ではアルペンスキー、スノーボード、アイスホッケーなどの競技が行われます。

男子バレーボールの選手 狩野さんに 聞いてみよう！

　医師の狩野拓也さんは、2017年デフリンピックのサムスン大会に、男子バレーボール（デフバレー）のキャプテンとして出場。狩野さんにデフリンピックの見どころを聞きました。

★狩野拓也さんのインタビュー記事は、6〜9ページにのっています。

Q デフバレーの選手になったきっかけは？

A　中学、高校、大学とバレー部でしたが、大学3年生のときに知人の紹介でデフバレーを知ったのがきっかけです。自分がそうであったように、難聴の人でもデフスポーツがあるということを知らない人が多いと思います。

Q 練習でたいへんなことは？

A　選手同士のコミュニケーションです。練習には手話通訳者に来てもらいますが、手話を使わない選手もいるので、プレーの説明などに4〜5時間かかることもあります。

Q デフリンピックのみどころは？

A　デフスポーツのむずかしさは見た目には伝わりにくいと思います。たとえば、バレーだとこうげきでだれがアタックをするのか、相手からうち返されたボールをだれがレシーブするのかといった合図を決めておかなければなりません。このようなプレーをするためにも、時間をかけた準備やたくさんの練習があるということに注目してほしいです。

デフリンピックのことを多くの人に知ってもらいたい！

立場の弱い人を助けたくて 弁護士になりました

インタビュー

松田 崚さん

松田さんの仕事

こまった人の法律の相談にのったり、裁判のときに弁護して、トラブルを解決する手伝いをします。

松田さんのメッセージ
動画が見られるよ！

Q 子どものとき、あこがれていた仕事は？

A プロ野球の選手です。野球が大好きで、小学生のときは、地元の野球チームで身ぶりや手ぶりでコミュニケーションを取っていました。仲間とプレーするのは、とても楽しかったです。

帰ったら野球をしよう！

小学生のころ

Q なぜ、弁護士を目指したの？

A 大学1年生のとき、聴覚障がいがある弁護士の方のお話を聞いて、聞こえなくても弁護士としてかつやくできることに、とてもおどろきました。その方の職場や裁判を見学させてもらい、「弁護士になろう！」と決意しました。

Q 弁護士になってうれしかったことは？

A 相談者から「ありがとう」と言われること。聴覚障がいのある方の相談も受けますが、「手話で相談できてよかった」と言われると、自分が弁護士になった意味があったなと、うれしくなります。

たくさんの人のなやみを解決したい！

今

ぜったいに弁護士になるぞ。

大学生のころ

Q これからのゆめは？

A 日本で聴覚障がいがある弁護士は10数人ほどと、まだまだ少ないですね。将来、聴覚障がいがある子どもたちが弁護士になって、いっしょに仕事ができたらいいなと思います。

Q たいへんなことは、どう乗りこえる？

A 弁護士になるための司法試験の勉強は本当にたいへん！ 1日8時間勉強していました。動画の音声を聞いて勉強する方法もありますが、わたしは問題集の解説を読んで勉強し、過去問題をたくさんといたり、もぎ試験を受けたりしていました。くじけそうなときは、まわりの人のはげましがささえになりました。

あきらめずに、自分にできる方法やくふうを考えることが大事だよ。

プロフィール

藤岡毅法律事務所　弁護士
松田峻さん
1990年山形県生まれ。山形聾学校、山形東高等学校、筑波大学、一橋大学法科大学院を卒業。2019年から社会的に弱い立場の人への差別をなくすために、弁護士として仕事をしている。

弁護士 松田さんの 仕事とくふうを知ろう！

相談者の目を見て話をするよ。

手話通訳者の手話をしっかりとかくにん！

法律相談

　もめごとでなやんでいる人の相談に乗ったり、法律にそって解決できる方法を考えたりします。

くふうしていること

　相談者と会ったり電話で話したりするときは、手話通訳者をたのみます。会って話すときは、安心感をもってもらうために、相談者の顔を見て話をします。重要なことは紙に書いて、相談者に見せてかくにんし合うこともあります。

打ち合わせや会議

　解決の方法を考えるためには、相談者や関係者のくわしい話を聞くことが重要になります。

くふうしていること

　オンライン会議では、相手が話した言葉をすぐに文字で表示できるアプリケーションを使用し、声を聞き取っています。

音声を文字で表示するアプリケーションをタブレットに入れています。

事務所には、法律の本がたくさん！

六法全書
六法全書は、たくさんの法律のなかから重要な法律の条文が書かれたものです。

裁判

話し合いなどでは解決できなかったときには、裁判所で法律にそって解決する手続きをします。相談者のかわりに書類を作って提出したり、言いたいことを伝えたりして、相談者を守ります。

くふうしていること

裁判所に手話通訳者も来てもらいます。手話がよく見えるように、自分の向かい側にすわってもらうようにたのんでいます。

相手の意見を理解してすぐに質問するためには、集中力が必要なんだって。

わたしの1日の仕事

10:00 出勤 法律相談
相談者の話を聞き、問題の解決方法を考える。

12:00 昼休み

13:00 裁判所で裁判
さあ、気を引きしめて！

14:00 事務所にもどり、メールや文書作成
終わった裁判をふり返るほか、別の相談者へのメール連絡を次々こなす。

16:00 オンラインで打ち合わせや会議
打ち合わせと会議で、くたくた。

19:00 終業

松田さんからメッセージ

人はだれでも自分のゆめを選ぶ権利をもっているよ。聴覚障がいを理由に、ゆめをあきらめないで。できるかどうかなやむよりも、自分がやりたいことを見つけて、勇気をもって進んでほしい！

勉強や生活に役立つサービス

❶ 手話や見える教材を使った学びの場

聞こえない、聞こえにくい子が集まる学習塾があります。手話や指文字でコミュニケーションを取り、目で見てわかりやすい教材を使った、言葉や教科の授業が受けられます。先生のなかには、聴覚障がいがある人もいます。

\ 教えて！ /

Q 通うことがむずかしい場合は？

A オンライン授業が受けられる塾もあります。インターネットがつながる場所なら、どこからでも授業が受けられます。

❷ 英検®の試験会場で文字表示や音量アップ

実用英語技能検定のリスニングテスト（聞き取りテスト）を受けるとき、問題を音声でなく文字で映しだす、試験会場とは別の部屋で音量を上げる、スピーカーの近くに着席できるなどの対応があり、聴覚障がいがある人は申しこむことができます。

テロップ	リスニングテストを音声でなく文字で映しだす
強音放送	リスニングテストを別の部屋でボリュームを上げて流す
座席配置	スピーカー近くの席で受験できる

※一次試験の場合

\ 教えて！ /

Q どのように申しこめばよいですか？

A 障がいのじょうきょうを証明できる書類を用意して、ウェブサイトから申しこみます。ホームページで最新のじょうほうをかくにんしてください。

※英検®は、公益財団法人 日本英語検定協会の登録商標です。
https://www.eiken.or.jp/

ノートテイカー
聴覚障がい者
ノートテイカー

❸ 授業内容を書き写す ノートテイク

ノートテイクとは、高校や大学などの授業で、聴覚障がいがある学生の代わりに授業内容を聞き取って書き写す作業のことです。手書き式と、パソコンを使ったパソコンテイクがあります。どちらも、書き写す役の人をノートテイカーとよび、2人1組になって10〜15分交代で行います。ノートテイカーは、講習を受けたボランティアが行います。

\ 教えて! /

Q

オンライン授業にも利用できますか?

A オンライン授業を受けるときにも、パソコンテイクが利用できます。たとえば、先生が話す内容をいったん自動で文字に置きかえたあと、ノートテイカーが正しい内容になるように文字を修正します。その文字が利用者のパソコン画面に表示されるしくみです。

❹ 音を知らせるサウンド認識

「iPhone」には、サウンド認識という機能があります。自分が聞き取りにくい音や気づきたい音を選んでおくと、その音が鳴ったときに知らせてくれます。

ピンポーン♪

お客さんが来たときに気づけるね。

このように画面上に通知が表示され、バイブでも知らせてくれます。

\ 教えて! /

Q

どんな音の種類がありますか?

A だれかがたずねてきたときのドアのノックやインターホンの音から、きけんを知らせるサイレンや車のクラクションまで、いろいろな音を選べます。

人のみりょくを記録したくて
写真家になりました

インタビュー

齋藤 陽道さん

齋藤さんの仕事

出版社などからたのまれて、人物や風景の写真をさつえいします。

 齋藤さんのメッセージ
動画が見られるよ！

Q 子どものとき、あこがれていた仕事は?

A 手話を言語としている自分には、いろいろなことがむずかしいように思えて、仕事のことはあまり考えられませんでした。当時は、将来、写真家になるなんて、想像もしていませんでした。

むずかしい

小学生のころ

プロレスを始めた
20代のころ

Q なぜ、写真家になったの?

A 25才のときに、障がい者プロレスを見て感動！ 自分もプロレスを始めました。そんななかで「こんなにみりょく的な人たちを記録に残したい」と思い、写真をとりはじめたのがきっかけです。そのときの写真がコンテストでゆうしゅう賞を取り、写真集を出版することになりました。

Q 写真家になって うれしかったことは？

A 自分が「すてきだな」と思う人たちの記録を写真に残せるのは、とてもうれしいです。いろいろな人に出会うのが好きなので、写真家はそれがかなえられる仕事だと思います。

写真集や絵本の
アイデアがどんどん
わいてくる！

今

お会いできて
うれしいです。

写真家になってから

Q これからのゆめは？

A 聞こえない人の視点でとらえた小説を書いてみたいです。あまりその視点で書いている人はいないのですが、聞こえる人とはちがったものが書けるのではないかと思っています。

Q たいへんなことは、 どう乗りこえる？

A この社会は、聞こえることが当たり前になっています。聞こえないことでたいへんなことはたくさんあります。だから、自分のことをよく知り、自分の話しやすい方法はなんなのか、何をどうしてもらえれば助かるのか、ということを言葉にして、相手に伝えられるようにしています。

自分の体や障がい、
立場をしっかり見つめ
ることも大事だよ。

プロフィール

写真家
齋藤 陽道さん

1983年東京都生まれ。都立石神井ろう学校卒業。独学で写真を学ぶ。2014年日本写真協会新人賞を受賞するなど、高いひょうかを受けている。げんざいは写真集、まんが、絵本の制作などを行っている。

写真家 齋藤さんの 仕事とくふうを知ろう！

七五三のお参りなど、家族の大切な記念の写真をとることもテーマのひとつ。

さつえい

　自分でテーマを決めて、みりょく的だと思う人、家族、風景などをさつえいして写真集を作る仕事と、アーティストや俳優からたのまれてさつえいする仕事があります。

くふうしていること

　さつえい中は、紙に書いて会話（筆談）をすると時間がかかって、シャッターチャンスをのがしてしまいます。言葉以外のやり取りの方法を考えて、目や体、顔の表情などで相手に気持ちを伝えるようにしています。

自宅でかっているかえるも作品に！

カメラ

カメラやレンズはさつえいするものに合わせて、使い分けるんだって。

自分でさつえいして、文も書いた本だよ。

絵や文の制作

　イラストやまんが、文をかく仕事もしています。家族との生活を記録したまんが日記を毎日かいています。また、絵本をかいたり、興味のある人をインタビューして記事を作ったりしています。

まんが日記
「#せかいはことば」

くふうしていること

　たくさんの人に手話を知ってほしいので、手話の絵をかくときは、自分でやってみて正確にかくようにしています。文を書く仕事では、メールやメッセージアプリでしっかり打ち合わせをします。

手話の絵が正しいかかくにん中。

わたしの1日の仕事
(1ぱく2日のさつえいの場合)

7:00 飛行機、車などで移動

11:00 さつえいスタート

シャッターチャンスをのがさないように、集中！

18:00 さつえい終わり

19:00 夕食

家族にれんらくしたり、読書をしたりとリラックス。

23:00 就寝

翌日

9:00 さつえいスタート

昨日より、さらにいい作品をとるぞ！

12:00 さつえい終わり

いい作品がとれると、つかれもふっとぶ。

18:00 帰宅

 齋藤さんからメッセージ

なんでもいい、なんでもチャレンジしてみよう。それが未来へきっとつながります。がんばってください！

子どものころのゆめをかなえて
バス運転士になりました

インタビュー

松山 建也さん

松山さんの仕事

夜間にお客様を乗せて遠い目的地まで運転する夜行バスや、観光バスの運転をします。

松山さんのメッセージ
動画が見られるよ！

Q 子どものとき、あこがれていた仕事は？

A バスの運転士です。小学2年生のころ、動物園に行くとちゅうのバスのロータリーで、せまいところをギリギリで回る様子を見て「かっこいい！ ぼくもバス運転士になりたい」と思いました。

運転士ってかっこいい！

小学生のころ

トラックドライバーのころ

2016年に道路交通法という法律が改正され、聴覚障がいがあっても客を乗せるバスの運転めんきょが取れるようになったよ。

Q 聴覚障がいのある人のバス運転士第1号って本当？

A 本当です。はじめは運送会社に入社して、トラックドライバーとして働いていました。でも、「お客様と気持ちを通わせたい」という思いが強くなり、バス会社で働くことを決意。運送会社にいたころ、無事故・無いはんだったので、その実績がみとめられ、バス運転士としての採用が決まりました。

Q バス運転士になって うれしかったことは?

A 今は、おもに夜行バスの運転を担当しています。お客様が「安心して乗れたよ」と紙に書いたり、スマホの画面に文字を打ったりして伝えてくれることがあります。直接、感想を聞くことができるのが、とてもうれしいですね。

わたしが運転する便を選んでくださる方もいるんですよ。

今

バス運転士になって

Q これからのゆめは?

A 聞こえない人たちが楽しめる観光バスツアーを計画して、運転士をつとめたいですね。少しずつですが、手話通訳者が同乗したり、手話案内のある観光地をたずねるツアーなどが実現しています。

Q たいへんなことは、どう乗りこえる?

A 出発やとうちゃくなどのほうこくは無線を使いますが、わたしは無線が聞こえないので、メッセージのやり取りができるアプリケーションを使うことがみとめられました。がんばって仕事をし、わたしの熱意を理解してくれた上司がいっしょに考えてくれたおかげです。「こうすれば自分にもできる」という方法を考えて、勇気をもってまわりの人に相談することが大事だと思います。

プロフィール

東京バス株式会社
運行管理部　運転士
松山 建也さん

1993年福島県生まれ。大宮ろう学校専攻科卒業後、銀行、運送会社をへて2017年に東京バス株式会社に入社。聴覚障がいがあるバス運転士第1号となる。

松山さんの 仕事とくふうを知ろう！

タイヤは、ねじが
ゆるんでいないかチェック！

松山さんと会話する
ために、会社のなかで
手話を覚えた人も
いるんだって。

いじょうなし

点検・点呼

点検は運行前と運行後に行います。運行前はエンジンルーム、まどや車体、トランクルーム、車内や座席の機器などにいじょうがないかをかくにんします。また、乗客がバスをおりたあとは、わすれものがないか車内を見て回ります。点検後は営業所にもどって、運行管理者に点検結果のほうこくや、道路のじゅうたいや事故のじょうきょうをかくにんする点呼を行います。

くふうしていること

運行管理者へのほうこくは、安全にバスを運行するために大切です。じょうほうを正確に伝えるために、筆談で行います。

クリップボード
会社では、紙をはさんだクリップボードを持ち歩いて、筆談に使っています。

聞こえないことを
カバーするため、
人一倍、まわりを
注意深く見て
運転するよ。

【お知らせ】
本日担当の運転士は補聴器を
使用して業務しています

おそれいりますが、御用の際
は車掌までお願い致します
東京バス株式会社

聴覚障がいがあることをお客
様に知らせるカードを運転席の
近くにはっています。

じゅうたいなどのアクシデン
トに対応できるよう、運行ルー
トをこまかく調べておきます。

運転

夜行バスは運転士が2人乗車し、交代で運転します。高速道路のサービスエリアで休けいしたり、運転していない時間にバスのなかですいみんを取ったりしながら、安全運転に努めています。

くふうしていること

かならず耳の聞こえる運転士とペアを組んで乗車し、まちがいのないように筆談で会話するようにしています。

また、乗車時のお客様の受付や質問は、もう1人の運転士が対応して、わたしはお客様の荷物を運ぶなど仕事を分担しています。

わたしの1日の仕事

21:00 バスの点検・点呼
出庫（バスを車庫から出す）

安全な運行のために、念入りに。

22:30 バスていとうちゃく
お客様乗車

笑顔でおでむかえ。

0:00 休けい

次の運転にそなえて、かみんするのも大事な仕事のひとつ。

2:30 バスの運転

暗い夜の道は、速度にも注意をはらう。

5:00 休けい

6:30 目的地とうちゃく

お客様の笑顔が何よりうれしい。

7:30 バスの点検・点呼

わすれものがないか、しっかりチェック！

松山さんからメッセージ

むずかしいことがあったら、1人でなやまないで、いろいろな人に相談して、じょうほうを集めてみよう！ それをもとに自分なりにくふうして、ちょうせんしていくといいよ。

交通機関を便利に
快適にするサービス

❶ 電光けいじで 行き先を文字表示

駅のホームや新幹線などの車内では、行き先や次の停車駅を知らせるために、電光けいじで文字表示をしています。さらに、電車がおくれたり、事故が発生したりしたときなど、最新じょうほうを知らせるのにも役立てています。

\教えて！/

Q 聴導犬と 電車に乗ることは できますか？

A 聞こえない人の生活をささえる聴導犬といっしょに電車に乗ることができます。ただし、聴導犬であることをしめすケープという服を着用する必要があります。

このケープでペットの犬と区別します。

行き先や出発時間、運転のじょうきょうなどを表示します。

はじめて
利用する駅でも
こまらずにすむね。

❷ 駅の窓口に 筆談ボードを用意

改札の窓口に筆談ボードなどを用意し、駅員と筆談できる駅もあります。駅構内の文字表示だけではわからない内容を直接聞くことができます。

筆談により
ご案内いたします
お気軽にお申し出ください

❸ 手話で電話ができる 手話フォンを設置

　手話を使った電話が利用できる、手話対応型公衆電話ボックス「手話フォン」が全国のおもな空港に設置されています。多くの人が行き交う場所に設置することで、これまで電話を利用できなかった人も電話ができるようになったことを知ってもらう、という意味もあります。

\教えて!/

Q

どうしたら
利用
できますか?

A 羽田空港では、事前の登録をしなくても、午前8時から午後9時まで無料で利用できます。

手話を知らせるロゴ
マークが目印。

羽田空港には第1・第2ターミナルの出発
ロビーに設置されています。

---

❹ 音声案内を多言語にかえる おもてなしガイド

　おもてなしガイドは、空港や電車、バスなどの交通機関の音声アナウンスを、その場で文字表示にかえるアプリケーションです。スマートフォンなどにあらかじめアプリをインストールして、対応している場所で利用します。聞こえない人だけでなく、日本語がわからない外国人が自分の国の言語にかえることもできます。

\教えて!/

Q

日本語以外では、
どんな言語に
かえられますか?

A 英語、中国語、韓国語などにかえられます。また、交通機関だけでなく、ショッピングモールなどのしせつ内の音声にも対応しています。

好きなことを追いかけて グラフィックデザイナー になりました

平 真悠子さん

平さんの仕事

ウェブのグラフィックデザインや、世界的に有名なファッション雑誌のブロガーとしてじょうほうを発信しています。

 平さんのメッセージ
動画が見られるよ！

Q 子どものとき、あこがれていた仕事は?

A 海上保安官です。小学3年から10年間、健康でたくましい心と体を育てる海洋少年団で活動し、手旗信号や手こぎボートなどの訓練をしました。海の安全を守るすがたにあこがれ、海上保安官になるのがゆめでした。しかし、聴覚障がいがあると受験できず、あきらめてしまいました。

海洋少年団で活動していたよ。

小学生のころ

ファッション店の
スタッフに

Q なぜ、デザインに興味をもったの?

A 好きなファッションのお店で働きはじめましたが、接客に自信がもてませんでした。そんなとき、ウェブのショッピングサイトを担当することになりました。専門学校時代にデザインソフトの勉強をしていた経験があったからです。それからは、ウェブページ上で商品がみりょく的に見える配置、カメラのあつかい方など、働きながらウェブデザインの知識を深めていきました。

Q 仕事以外で好きなことは何ですか？

A いろいろな国の生活習慣や文化にふれられる、旅行が好きです。海外の文化を知ることは、デザイナーの仕事にも役立ちます。2017年には友人と2人で3か月間かけて、世界一周旅行をしました。1人旅もよくします。旅先ではスマートフォンに文字を表示したり、交通機関を調べるアプリケーションを使ったりすればこまりません。海外の人のほうが、聞こえないことにおどろかずにせっしてくれる気がします。

Q これからのゆめは？

A 世の中には聞こえる人、聞こえない人、障がいのある人、はだの色がちがう人などさまざまな人や考え方があることをSNSで発信していきたいです。その人に合った生き方をみとめ合えるようになったらいいと思います。

しゅみは旅行！

グラフィックデザイナーになったころ

今

Q 手話を使いはじめたのはいつですか？

A じつは、手話を学びはじめたのは大人になってからです。これまで口話でコミュニケーションをしながら、ずっと聞こえる人たちとすごしてきました。でも、数年前に聞こえない人とも友達になりました。明るく表情ゆたかに手話を使うすがたにあこがれ、手話を言語とする人たちのことをもっと知りたいと思うようになり、手話教室に通いはじめました。

プロフィール

**グラフィックデザイナー
平 真悠子さん**

1984年北海道生まれ。バンタンデザイン研究所卒業。先天性の重度の聴覚障がいがある。グラフィックデザイナーであり、アメリカの有名ファッション雑誌『NYLON』の日本語版ウェブマガジンのブロガーとしてじょうほうを発信している。

グラフィックデザイナー

平さんの
仕事とくふうを知ろう！

おもな仕事はウェブデザイン

ウェブのショッピングサイトのデザインをしています。

くふうしていること

商品のよさや機能が伝わって、多くの人が買ってくれるようなデザインを考えています。そのために、カメラマンとアイデアを出し合い、写真のとり方などを決めていきます。ショップの人とは、インターネットを通じて通話ができるアプリケーションを使って、文字でやり取りをします。

仕事道具はパソコンやカメラ。自宅のほか、カフェや旅先で仕事をすることが多いです。ぐうぜん、知り合いと出会って話すこともあります。

自分がデザインしたサイトで、商品の口コミのひょうかが高いと、とてもうれしい。

仕事では口話でコミュニケーション。

雑誌のウェブサイトでじょうほうを発信

　ファッション雑誌のウェブサイトで、大好きなファッションのこと、旅での出来事、出会った人との交流など、伝えたいことを発信しています。

海外旅行に行って、外国の文化を知ることもしげきになります。

多様な人がおしゃれを楽しめることを目指したファッションショーに、モデルとして参加することもあります。

くふうしていること

　興味をもってもらえるように、美しい写真をのせるようにしています。SNSは聞こえない人との交流や、障がいがある人たちの活動を多くの人に知ってもらうのにてきしていると思います。

自分の目で見たものを世界中の人に発信しているんだね。

わたしの1日の仕事

10:00 メールやチャット、その日の仕事内容のかくにん

落ち着いたふんいきのカフェだと、仕事もはかどる！

10:30 デザイン作業

好きな飲み物があると、集中力もアップ！いいアイデアがわいてくる。

12:00 昼食

13:00 さつえいや打ち合わせ　デザイン作業

商品のよさを伝えるには、写真も大事。カメラマンとの相談も念入りに。

19:00 帰宅

📣 平さんからメッセージ

　両親は、わたしの気持ちを尊重して、好きなことをやらせてくれました。みなさんも世の中のじょうしきや当たり前にとらわれずに、自分のやりたいことをつらぬいて、どんどん世界を広げてくださいね。

旅や観光を楽しむサービス

❶ 全国の観光地での手話ガイド

ふだん手話を使っている人たちに向けて、全国の観光地のなかには、手話ガイドや手話通訳者による観光案内が受けられる場所があります。興味をもったことや疑問に思ったことをその場で質問できるので、よりいっそう観光を楽しむことができます。事前の予約が必要です。

「長野県手話観光ガイド」動画

ここは長野県の真ん中
松本市です

0:19 / 10:10

❷ 動画で見られる手話の観光案内

手話で観光地の解説をする動画をインターネットなどで見ることができます。動画は、地方自治体や観光協会が作っているものから個人で作っているものまで、さまざま。だれもが観光を楽しむきっかけになることが期待されています。

浅間温泉一 地元松本のろう者は
このように表します

＼教えて！／

Q

どんなときに動画を見るの？

A　観光地をおとずれる前や現地で見る人が多いようです。紹介してほしい場所のリクエストがよせられることもあります。また、この動画を手話の勉強に使っている人もいます。

(長野県健康福祉部障がい者支援課在宅支援係)

旅の達人 平さんに聞いてみよう！

グラフィックデザイナーの平 真悠子さんは世界一周旅行の経験者。海外旅行に行くときは、自分なりのくふうをして旅を楽しんでいます。

★平 真悠子さんのインタビュー記事は、38〜41ページにのっています。

＼教えて！／ Q

海外のレストランではどうやって注文しますか？

A　手元にメニューがあるときは、たのみたいメニューを指でさします。かべの高いところなどにある場合は、スマートフォンにメニュー名を打ちこんで、お店の人に見せます。

＼教えて！／ Q

行きたいところに、まよわず行くためにどうしていますか？

A　海外のバスや電車の路線がわかるアプリを使っています。乗りつぎの方法までわかるので、人に聞かなくても、行ったことがない場所にちゃんとたどり着きます。

＼教えて！／ Q

1人で飛行機に乗るのは不安ではないですか？

A　飛行機に乗るときは、自動チェックイン機を使わずに、カウンターで係の人に耳が聞こえないことを伝えています。そうすることで、機内ではせつびや案内について書かれた用紙を手わたししてもらえますし、きんきゅうの事態が起こっても、乗務員に気を配ってもらえるという安心感があります。

ぶたいや音楽を
楽しむサービス

❶ せりふを表示する
ポータブル字幕機

えんげき公演を行う劇場で、せりふや音のじょうほうを文字で表示するポータブル字幕機を用意しているところがあります。えんぎの見どころなどが表示されるものもあり、ぶたいをより楽しむことができます。

＼教えて！／

Q えんげきを
見ながら
そうさする
のですか？

A 表示画面はぶたいの進み方に合わせて、自動で切りかわります。見る人は操作しなくてよいので、ぶたいに集中できます（東京芸術劇場の場合）。

字幕機は手元に置いて表示を見ることができます。

アンプ

ループアンテナ

Hearing Loop

このせつびをそなえたしせつには、ヒアリングループマークが表示されています。

❷ 音を聞こえやすくする
ヒアリングループ

ヒアリングループは補聴器や人工内耳を使っている人のために、声や音楽を聞こえやすくするせつびです。あらかじめ劇場のゆかの下などに専用の電線（ループ線）を設置し、そのループ線にかこまれた空間の補聴器などに、雑音が入らないよう直接音をとどけます。

③ 音をしんどうにかえ 体で音楽を感じるしくみ

音をしんどうにかえて体に伝え、聞こえない人も音楽を感じるシステムがあります。装置の入ったクッションを体に当てて、音の高さや大きさによって伝わるしんどうを体で感じ、音楽を楽しみます。

\ 教えて！ /

Q どんなふうに 楽しめるの？

A 装置の入ったクッションから伝わるしんどうで、音楽のリズムやテンポを感じることができます。補聴器や人工内耳から聞こえる音と合わさって、より音楽に親しむことができます。

コンサートやイベント会場で「ボディソニック」とよばれるクッションのような機器をかしだしています。

ミュージカルが見たいな。

相談してみようか！

ぶたい手話通訳をたのみましょうか？

④ だれもがぶたいを 楽しめるサービス

「みんなでいっしょにぶたいを楽しもう！」を合言葉に、障がいのある人もえんげきを楽しむためのサポートを行う団体があります。見たいえんげきがあれば、手話通訳や字幕などのサービスが受けられるように、相談に乗ってくれます。

\ 教えて！ /

Q ほかにどんな サービスが ありますか？

A 台本のかしだしや音声ガイド、車いす席の用意などのサービスがあります。また、劇場から、聞こえない人向けのサポート方法についての相談なども受けています。
問い合わせ／NPO法人シアター・アクセシビリティ・ネットワーク

⑤ 手話と音声で楽しむ
えんげきやミュージカル

えんげきやミュージカルを手話で表現する公演があります。げきのせりふは手話と表情でえんじ、歌にも手話をつけて表現します。音声も流れるので、聞こえない人も聞こえる人も、いっしょに楽しむことができます。

このほかにも、手話を使った朗読劇や音楽ライブなども行われていて、エンターテインメントを楽しむ機会が広がっています。

手話を使うと
みんながいっしょに
楽しめるね。

手話を使ってせりふを表現。えんじる人も、聞こえない人や聞こえる人などさまざまです。

@shuwaisland

お客さんといっしょに手話で合唱。

\教えて!/

Q
手話の
えんげきなどに
参加することは
できますか?

A 手話を使ったえんげきやミュージカルでは、子どもの役をぼしゅうすることがあります。また、えんげきを体験しながら勉強できる手話つきのワークショップなどもあります。

さくいん

監修 大杉 豊
（筑波技術大学 教授）

ろう者。劇団員、専門学校教員を経て、米国ロチェスター大学大学院言語研究科修了、言語学博士。2006年より現職。専門は手話言語学、ろう者学。主な編著に、『国際手話のハンドブック』（三省堂）、共編著に、『手話言語白書』（明石書店）、「わたしたちの手話 学習辞典」シリーズ（一般財団法人全日本ろうあ連盟）など、多数。

表紙イラスト	磯村仁穂
本文イラスト	ハラアツシ　朝倉千夏　赤川ちかこ
キャラクターイラスト	タダユキヒロ
デザイン	鳥住美和子　高橋明優　吉原佑実（chocolate.）
編集	秋出葉子　久保緋菜乃（ウィル）　こいずみきなこ
DTP	小林真美（ウィル）
撮影	田辺エリ　大畑俊男　盛山麻奈美　中久保敬太
校正	村井みちよ
動画編集	那須康史（株式会社GROP） 松本 亘（株式会社Desing Office CAN）
取材協力	医療法人聖光会 鷹の子病院 スターバックス コーヒー ジャパン株式会社 株式会社GENスポーツマネジメント　昇龍會 藤岡毅法律事務所 東京バス株式会社 聴覚障害をもつ医療従事者の会
画像・資料提供	株式会社シェアメディカル／K-1 JAPAN GROUP／ろう児・難聴児のオンライン対話学習コミュニティ「サークルオー」／一般財団法人 全日本ろうあ連盟／東日本旅客鉄道株式会社／社会福祉法人 日本聴導犬協会／日本空港ビルデング株式会社／一般財団法人 日本財団電話リレーサービス／ヤマハ株式会社／長野県／公益財団法人 東京都歴史文化財団 東京芸術劇場／一般社団法人 全日本難聴者・中途失聴者団体連合会／パイオニア株式会社／特定非営利活動法人 シアター・アクセシビリティ・ネットワーク／手話パフォーマンスきいろぐみ

＊この本の情報やサービスは、2022年2月現在のものです。

知ろう! あそぼう! 楽しもう! はじめての手話⑤

インタビュー！

手話の世界

発　行	2022年4月　第1刷
監　修	大杉 豊（筑波技術大学 教授）
発行者	千葉 均
編　集	小林真理菜
発行所	株式会社ポプラ社 〒102-8519　東京都千代田区麹町4-2-6 ホームページ　www.poplar.co.jp（ポプラ社） kodomottolab.poplar.co.jp（こどもっとラボ）
印刷・製本	大日本印刷株式会社

ISBN 978-4-591-17303-9　N.D.C.801　47p　29cm　Printed in Japan
©POPLAR Publishing Co.,Ltd. 2022

あそびをもっと、
まなびをもっと。

こどもっとラボ

知ろう！ あそぼう！ 楽しもう！

はじめての手話

全5巻

監修：大杉 豊（筑波技術大学 教授）

小学校中学年〜高学年向き
各47ページ
A4変型判オールカラー

図書館用特別堅牢製本図書

指文字表 数字・アルファベット

数字

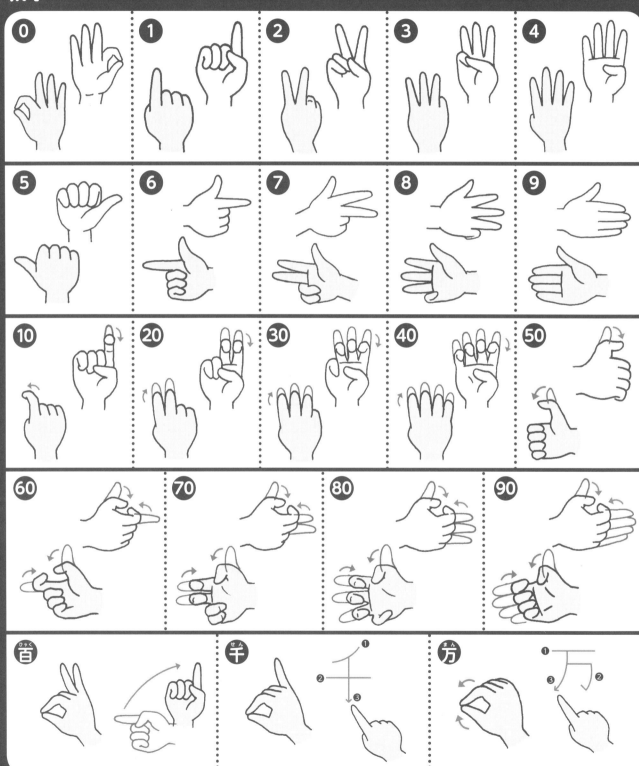